今日も全力めし

TODAY, TOO, ZENRYOKU MESHI

背徳感マシマシの欲望解放レシピ

今日も飯がうめぇ!

KADOKAWA

はじめに

本書を手に取ってくださった、ガッツリコテコテめしが好きな皆様、はじめまして。

そして、いつもYouTubeを観てくださっている背脂革命軍の皆様、今日も元気に背徳と愉悦の沼に沈んでいますか?

どうも。背脂系YouTuberとか、カロリーマシマシ系大好きYouTuberとか、人生RTA系YouTuberとか呼ばれている、「今日も飯がうめぇ!」こと「きょうメシ」です。ドカ食いと大食いのイメージもあるかと思いますが、一応、料理系YouTuberです。

いまから数年前、コロナ禍で在宅時間が増え、時間を持て余すようになった僕は、YouTubeをやろうと思い立ちます。自分にはどんなジャンルができるだろうかと考えたときに、思いついたのが「料理」。

そう聞くと、「普段から料理する人だったのね」とお思いでしょうが……、いや、まったく!

普段から料理をするわけでもない自分が真っ向勝負しても、プロも参入している群雄割拠なYouTube料理界、と

俺の1日は全力でめしを食わないと締まらない! 背脂系YouTuberの本ができちゃったわよ〜

うてい太刀打ちできるわけがない。

　そんなときに知ったのが、某有名ハンバーガーチェーンのサラダバーガーの逸話（詳細はググってね）。

　なるほど、人が求めているのは実はギルティーな食べもの。ならば、「食欲を刺激する、背徳感マシマシな振り切った料理にしたらどうよ？」と思い、背脂・ドカ食い・飯テロ動画が誕生したんです。

　そう、本能的背脂じゃなく、実は論理的背脂なんです（笑）。

　そんなギルティーな料理動画が本になるとはまったく思っていなかったので、純粋にうれしいです。

　こんな異色なレシピ本を世に出すことができたのも、いつも動画を観てくれている皆様のおかげでございます。うれしさのあまり、目から背脂が落ちそうです。

　今後も、YouTubeチャンネルでは飯テロ活動を継続し、皆様を背徳と愉悦の沼に誘っていこうと思います。

　そして、動画以外では、カレー屋を運営している友人やキャンプグッズを作っている友人たちとコラボして、新たな展開もしていく計画を立てています。これからも、きょうメシの活動に注目していただけるとうれしいです。

　それでは、背徳感と愉悦の沼をぜひとも楽しんでください。

今日も飯がうめぇ！

目次

1章
背徳感マシマシ一丁あがり!!
背脂全力めし

コラム

2章
楽してうまいが最高!!
既製品を使った全力めし

3章
ドカ食い必至の魅力!!
今日もうめぇ全力めし

コラム

ドカ食い気絶部の活動報告3 〜キャンプめし〜······124

レシピのルール

●本書のレシピは、YouTube チャンネル「今日も飯がうめぇ！【きょうメシ】」の動画を元に作成しています。再現しやすいように、材料や作り方などは一部変更している部分があります。

●計量単位は大さじ1＝15㎖、小さじ1＝5㎖です。

●レシピの火加減について、特に明記されていないものは基本的に中火となります。

●誰もが手軽に作れるよう、本書では既製品も多く活用しています。特に2章では既製品アレンジをテーマにしているため、材料は既製品が中心となっています。

●各レシピの火加減や加熱時間は目安です。ご使用の機器によって異なるので、様子を見ながら調理してください。

●電子レンジの加熱時間は600Wを使用した場合です。500Wの場合は1.2倍、700Wの場合は0.8倍で計算し、ご使用の電子レンジによって異なるので、様子を見ながら時間を調整してください。

●野菜などの下処理（洗う、皮をむく等）は、基本的に作り方から省略しています。

●本書はドカ食い、爆盛り、飯テロがテーマのため、材料は「1人分」と記載していますが、「通常の2人分」の分量になりますのでご注意ください。通常の分量で作りたい場合は分量を半分にしてください。（P.7「きょうメシレシピの極意5ヵ条」も参照）。

きょうメシレシピの
極意5ヵ条

注意点

背脂やドカ食いを楽しむ前に必読！

まず最初に、皆様に伝えておかなければならないことがある。それは、本書が通常のレシピ本とは趣向が異なるということだ。うっかりトライすると、キッチンや胃袋、そして人間性にもダメージを受けかねない。まずはこのページをしっかり読んでから、背徳と愉悦の世界に足を踏み入れよう。

その1 きょうメシレシピの1人分は通常の「2人分」

もっとも注意勧告したいのがコレ。本書は動画のレシピを再現しているため、ドカ食い、爆盛り具合ももちろん再現している！　そのため、**1人分が通常の「2人分」**となっている。きょうメシは、ドカ食い気絶部会員として特殊な訓練を受けたプロなので可能だが、普通の人がコレを真似するのはとても危険だ。自分の体調と胃袋とに相談して、適した量で作ってほしい。友だちと分けて食べてもOKだ！

その2 背脂料理は誰にも会う予定がないときに作れ！（匂う食材愛好者は除く）

背脂料理を作ると、部屋中が芳しい背脂臭（焼肉をしたときに近い匂い）に包まれる。また、きょうメシレシピでは、大量のにんにく、ねぎ、キムチなど、いわゆる"うまいけど匂う食材"が欠かせない。野性味あふれる香りが髪にも服にもつくので、大事な商談前日や初めてのおうちデートの前日は避けたほうがベターだ。休日などに、1人もしくは愛好者と、気兼ねなくキメることをおすすめする。

その3 ドカ食いすればいいってモンじゃない！

きょうメシレシピは、だだ単にドカ食いするわけでも、ただ単にギルティーで背徳感のあるものを食べればいいわけでもない。むしろそれは禁止事項だ！　食材に感謝し、創意工夫しておいしく、よろこびを感じながら食べるのがきょうメシ流。本書のレシピは超簡単なものから少し手間のかかるものまであるので、ぜひ皆様も、楽しんでおいしく「食べる」活動をしていただきたい。

その4 健康診断前夜にこの本は読むな！そして運動も大事！

ギルティーで背徳感マシマシの愉悦レシピだらけなので、健康診断前夜に読むと精神的拷問を受けることになる。「食べたいのに食べられない」地獄に落ちることとなるので、健康診断が近い人は読まないことをおすすめする。健康診断が終わってから思う存分楽しんでほしい。あと、やっぱり日ごろの運動は大事。きょうメシもしっかり運動はしている。

その5 料理はアバウトでも作れる！思うがままに作ろう！

本書では、アバウトに作ってもおいしく作れるため、基本的に炒め時間などは明記していない。ただし、生焼けは食中毒の危険があるため、しっかり火を通すこと！　また、既製品を使うレシピも多々あるが、加熱時間やゆで時間はメーカーの表記に合わせて作ることを推奨する。

背徳と愉悦！
基本の背脂

▷ 背脂とは？

豚の背中部分にある、ロースという部位の上部にある脂身が「背脂」。オレイン酸やリノール酸などのうま味が豊富。ちなみに、ラードは豚の脂肪全般から精製された油脂のこと。豚肉100%の純正ラードと、牛脂などが入った調整ラードがある。

▷ どこで買える？

お肉屋さんや業務系のスーパーだと店頭に出ている場合もある。ただし、店によって扱いが異なるので、電話で問い合わせたほうがスムーズ。一般のスーパーの店頭にはほとんどないが、予約すれば購入できるところもある。いずれにせよ、電話で問い合わせて予約しておくのがおすすめ。なお、急ぎでなければ、インターネットでも購入できる。

材料

背脂……200〜500g
（作りやすい分量でOK）
長ねぎ……1本分

にんにく……1個
しょうが……30g

作り方

長ねぎは鍋に入るサイズに切る。にんにくは薄皮をむかずに横半分に切る。しょうがは皮をむかずに輪切りにする。

鍋に背脂と **1** を入れ、ひたひたになる程度に水を入れる。

ふたをして、弱火で1時間半〜2時間、臭みがなくなるまで煮る。

3 から背脂を取り出し、水気をさっと切ってからボウルに入れる（鍋に残っているねぎや煮汁は捨てる）。

泡立て器やトングなどを使って、好みの大きさに潰す。

保存方法

チャック付き保存袋や密閉容器に入れて冷凍で保存。1ヵ月くらいは保存できるが、風味が損なわれるので、なるべく早めに食べるのがおすすめ。なお、常温では日持ちしないので注意すること。

はい 完成〜！

たった数百グラムの脂の塊が
1人の人間を溺れさせる
ハマったら抜けられない脂沼にようこそ！

しょうゆ背脂

丼を支配する
黒い悪魔

材料

基本の背脂(潰す前の状態)……200g

Ⓐ しょうゆ……大さじ3
　 みりん……大さじ3

作り方

1

P.8〜9の基本の背脂の作り方1〜3まで
を済ませておく(まだ潰さない)。

2

フライパンにⒶを入れてよくまぜ、弱火で
1分ほど煮立てる。

3

1から背脂を取り出し、2に入れる。

4

火を止めて、泡立て器やトングなどを使っ
て、好みの大きさに潰す。

はい 完成〜!

しょうゆの香りが香ばしい
麺系はもちろん、ご飯物にもおすすめ
背脂ビギナーにもチャレンジしやすい

背脂はかけるだけじゃない！
香味油としても使える‼

抽出背脂

油は調味料じゃない「食い物」だ！
背脂を熱して「背脂油」を抽出すれば
背徳と恍惚が溶け出した最高の炒め油が完成！
チャーハンや野菜炒めなどにおすすめ

ブロックのまま炒めても
細かく切ってから炒めてもどちらでもOK

【細かく切って抽出】
ブロックよりも早めに抽出できる。フライパンが小さいときや急いでいるときにおすすめ。香りも強め。

【ブロックのまま抽出】
そのまま入れて熱するだけなので手間いらず。ちょっと時間がかかるがじっくり抽出できる。

材料
背脂（ブロックの状態）……150〜300g

作り方
1. フライパンに背脂ブロック（または細かく切ったもの）を入れ、中火でじっくりとキツネ色になるまで焼いて、脂を抽出する。

2. 作る料理に合わせて、大さじ3〜おたま1杯分程度の脂が出たら、残った背脂のブロックを取り出す。

手作りチャーシュー を作ってみよう

背脂・男めし料理の唯一無二の相棒！

背脂・男めし料理に絶対に欠かせないのがチャーシュー。常に冷蔵庫にあってほしい食材だ。それもとびきりうまいヤツが。ならば、そんな激うまチャーシューを自分で作ってしまおう！ 手間と時間はかかるけど、覚えてしまえば意外と簡単。作り置きして常に冷蔵庫にストックしておけば、背脂と激うまチャーシューで、いつでも快楽落ちが可能だ。

材料

豚もも肉(焼き豚、煮豚用)
……1個(500〜600g)
※タコ糸ですでに縛ってあるものだとなおベター
長ねぎ……1本分
にんにく……1/2個
しょうが……1/2個
サラダ油……大さじ1

Ⓐ しょうゆ……大さじ5
みりん……大さじ3
酒……大さじ4
水……50ml
はちみつ……大さじ2

> 豚肉はもも肉以外でもOK（豚バラブロックなどで作っても激うま！）。ただし、部位によって煮込み時間が変わるので、様子を見ながら作ってみよう。

作り方

1 長ねぎは鍋に入るサイズに切る。にんにくは薄皮をむかずに横半分に切る。しょうがは皮をむかずに輪切りにする。

2 鍋に豚もも肉と**1**を入れ、ひたひたになる程度に水を入れる。ふたをして沸騰したら弱火にし、20分ほど煮たら、豚肉をざるにあげて水気を切る。

3 フライパンにサラダ油を入れて熱し、**2**を中火で焼き色がつくまで全面を焼く。バットなどに取り出し、余分な油を切る。

4 鍋に**3**と🅐を入れ、中火にかける。

5 汁が煮立ってきたら、弱火にしてキッチンペーパーをかぶせる。

6 汁をキッチンペーパーに吸い込ませながら肉を包み、ふたをして中弱火で20分ほど煮る。

7 豚肉に火が通ったらキッチンペーパーを取り除き、粗熱をとる。食品保存袋に肉と煮汁を入れて1日おく。

1章

俺の1日は背脂レシピを紹介しないと締まらない！ ということで本章では、俺が日ごろ食べている背脂レシピを紹介したい。定番のラーメンから、丼、チャーハン、鍋物など、背脂が生み出す背徳感と罪悪感、それを上回る愉悦と快楽マシマシのレシピだ。本来なら袋とじになってもおかしくない。背脂で始まり、背脂で終わる本章。読み終わったときには、また1人、ギタギタの背脂の沼に沈む背脂ジャンキーが誕生することだろう。

背徳感マシマシ

一丁あがり!!

背脂全力めし

まずはこれを食らえ!

背脂ラーメン（油そば風）

背脂料理の原点であり基本
白い悪魔が麺に絡みつく
禁断のうまさと背徳感!
コッテリ好きはみんな揃って昇天だ

材料

中華麺……2玉

長ねぎ……10cm

手作りチャーシュー（P.12参照）……適量

煮卵（市販）……適量

メンマ（市販）……適量

海苔……適量

基本の背脂（P.8参照）……200g

Ⓐ しょうゆ……大さじ3
　 みりん……大さじ3
　 しょうが（チューブ）……小さじ1と1/2

> 背脂といったらまずはラーメン。汁なしの油そば風ラーメンなので、麺に背脂を絡ませながら食べよう。

作り方

1. 長ねぎは小口切りにする。手作りチャーシューは好みの大きさに切る。煮卵は半分に切る。

2. 鍋にⒶを入れてよくまぜ、強火で2分ほど煮立ててタレを作る。

3. 中華麺を袋の表記通りに茹でる（好みの固さで茹で時間を調整）。

4. 丼に、2と湯切りした3を入れ、1とメンマ、海苔をのせる。

5. 4に基本の背脂をかける。

背脂×激辛
＝寿命加速

激辛背脂ラーメン

辛さとうまさの無限地獄
チーズと卵でマイルドかつ濃厚に
寿命を縮めてでも
食べたくなる激辛ラーメン

材料

激辛系カップ麺(具入り)……2個
とろけるチーズ……1〜2枚
卵……1個
基本の背脂(P.8参照)……200g

> チーズと卵の量はあくまでも目安。もっとマイルドにしたい場合は増やしてOK(逆にへらしてもOK)。

作り方

1. 土鍋に激辛系カップ麺の麺と具とスープをすべて入れる。このとき、あとがけの調味料は最後に入れるのでとっておく。

2. とろけるチーズを半分に切って**1**にのせる。

3. **2**にひたひたになる程度に水を入れ、中火で熱して麺をほぐし、卵を割り入れて煮る。

4. 器に盛り、基本の背脂をかけ、**1**でとっておいたあとがけの調味料を入れる。

19

背脂麻婆まぜそば

激うま本格麻婆と豪華トッピング
それを荒ぶる獣のごとく
まぜまくって食らう背徳感
だがしかし……うまい！

麻婆だれの作り方

材料

〈肉味噌〉

豚ひき肉……200g

サラダ油……適量

紹興酒……大さじ1

しょうゆ……大さじ1

甜麺醤……大さじ1/2

〈麻婆だれ〉

絹ごし豆腐……2丁

長ねぎ……10cm

しょうが……2片

にんにく……2片

サラダ油……適量

豆板醤……小さじ1

一味唐辛子……適量

ラー油……適量

水……400ml

中華スープ調味料……小さじ1 　　紹興酒……大さじ1

しょうゆ……大さじ1 　　水溶き片栗粉……適量

肉味噌と麻婆だれの作り方

1. 肉味噌を作る。フライパンにサラダ油を入れて強火で熱し、豚ひき肉を炒める。

2. 肉の色が変わったら、紹興酒としょうゆを入れ、全体に行き渡るように炒める。

3. 甜麺醤を加えてさらに炒め、いったん皿に取り出す。

4. 麻婆だれを作る。絹ごし豆腐は2cm角に切る。長ねぎとしょうが、にんにくはみじん切りにする。

5. 鍋に湯を沸かして豆腐を茹で、豆腐が浮いてきたらざるにあげる。

豆腐は下茹ですることで、余計な水分が抜けて味が染み込みやすくなる。

6. フライパンにサラダ油を入れて中火で熱し、しょうがとにんにくを入れる。

7. 香りが立ったら、3の肉を戻し入れて炒める。このとき、トッピング用に肉味噌を適量（1/4量程度）、残しておくこと。

8. 豆板醤、一味唐辛子、ラー油を加えて炒める。

9. 水を加え、中華スープ調味料、しょうゆと紹興酒を入れてよくまぜる。

10. 5を入れて軽く煮立たせ、長ねぎを加える。

11. 火を止めて水溶き片栗粉を回し入れ、とろみが出るまで静かにまぜる。

まぜそばの作り方は22ページへ！

材料

中華麺(太麺)……1玉
麻婆だれ(P.21参照)……適量
〈まぜそばのたれ〉
　中華スープ調味料……小さじ1
　和風だし……小さじ2
　しょうゆ……大さじ1
　みりん……大さじ1
　水……大さじ3

〈トッピング〉
　手作りチャーシュー(P.12参照)……適量
　にら……適量
　刻み長ねぎ……適量
　とっておいた肉味噌(P.21参照)……適量
　魚粉(お好みで)……適量
　基本の背脂(P.8参照)……100g
　卵黄……1個

お好みでみじん切りしたにんにく入れると、パンチが効いてよりおいしくなる!

背脂麻婆まぜそばの作り方

まぜそばの作り方

1. まぜそばのたれの材料を耐熱容器に入れ、電子レンジで1分加熱する(水で好みの濃さに調整)。

2. 手作りチャーシューは食べやすい大きさに切り、にらは1cmの長さに切る。

3. 中華麺を好みの固さに茹で、流水で洗ってぬめりを取り、水気を切る。

4. 丼に3と1を入れてよくまぜる。

5. 4に、麻婆だれ、2、刻み長ねぎ、とっておいた肉味噌、魚粉、基本の背脂、卵黄をのせる。

アレンジ

さらにもう1品! カレー麻婆丼

余った麻婆だれにカレーパウダー(分量外)を加えて加熱しながら軽くまぜるとカレー麻婆に味変。
皿にご飯を盛り、カレー麻婆と手作りチャーシュー(あれば)、粉チーズ、パセリ(すべて分量外)をかければ、カレー麻婆丼が完成!

背脂とベーコンの脂がやみつきに
なぜか夜中に食いたくなる禁断の丼

罪悪感
爆盛り

ガチの背脂丼

材料

ご飯……300g
長ねぎ……10cm
にんにく……1片
ブロックベーコン……50g
しょうゆ背脂(P.10参照)……100g
卵黄……1個

作り方

1. 長ねぎは小口切りにし、にんにくは
   みじん切りにする。

2. ブロックベーコンを食べやすい大き
   さに切り、中火で炒める。

3. 丼にご飯を盛り、しょうゆ背脂と**1**、**2**、
   卵黄をのせる。

ねぎ背脂丼

人気のねぎ油を
背脂で闇堕ちさせたら
ガチうまソースができて
2つの意味で天国いき

材料

ご飯……300g	満願寺とうがらし……4～5本
にんにく……1個	にら……1/2束
長ねぎ……1本	背脂(ブロックの状態)……150g
しょうが……2片	赤唐辛子……3本
ピーマン……中3個	塩、こしょう……適量
えのきだけ……1/2袋	卵黄……1個

ねぎだれだけでうまいので、
唐揚げにかけるなど、いろ
いろな用途で楽しめそう。

作り方

1. にんにくは1片ずつにバラして皮をむいておく。

2. 長ねぎとしょうがはみじん切りにする。

3. ピーマンは種を取り除いてみじん切りにし、えのきだけは2cmの長さに、満願寺とうがらしは1cmの長さに切る。

4. にらは2cmの長さに切る。

5. フライパンに背脂ブロックを入れ、中火でじっくりとキツネ色になるまで焼いて脂を抽出する(P.11参照)。

6. 大さじ3程度の脂が出たら、残った背脂のブロックを取り出す。

7. 6に、1と2を入れ、油がはねないように中火で静かに炒める。

8. 3と赤唐辛子を加えてさらに炒める。

9. 具材に火が通ったら、4を加えてさっと炒め、塩、こしょうで味を調える。

10. 皿にご飯を盛り、9をかけて卵黄をのせる。

材料

ご飯……300g
キャベツ……1/4個
にんにく……2片
もやし……1/2袋
手作りチャーシュー(P.12参照)……5枚

ごま油……大さじ1
しょうゆ背脂(P.10参照)……100g
基本の背脂(P.8参照)……100g
卵黄……1個

作り方

1. キャベツはざく切りにし、にんにくはみじん切りにする。
2. 鍋に湯を沸かし、キャベツともやしを入れてさっと茹でる。
3. ざるにあげ、ごま油をかけて全体に絡める。
4. 手作りチャーシューを食べやすい大きさに切る。
5. 丼にご飯を盛り、野菜、チャーシュー、しょうゆ背脂をのせる。
6. 5の上に基本の背脂をかけ、にんにくと卵黄をのせる。

ちょっと某ラーメン店風

2色背脂丼

黒背脂と白背脂のマリアージュで背脂ジャンキーたちの本能に呼びかける

シンプル・イズ・ベスト

シン・背脂チャーシュー丼

チャーシューと背脂のみ！
空腹の体内を
肉＆脂だけで埋めつくす！
マヨネーズで
味変してもうまい！

材料

ご飯……300g
長ねぎ……10cm
にんにく……1片
手作りチャーシュー(P.12参照)……5〜6枚
しょうゆ背脂(P.10参照)……200g

作り方

1. 長ねぎは斜めの薄切りにし、にんにくはみじん切りにする。

2. 手作りチャーシューは食べやすい大きさに切る。

3. 丼にご飯を盛り、手作りチャーシュー、しょうゆ背脂、長ねぎ、にんにくの順にのせる。

背脂麻婆豆腐丼

ドカ盛り麻婆丼に背脂をぶちまける
麻婆に背脂の雪を降らせて
2つの意味で幸せ太り

材料

ご飯……300g
麻婆だれ（P.21参照）……好みの量
基本の背脂（P.8参照）……100g

作り方

1. P.21の麻婆だれの作り方を参照し、麻婆豆腐を作る。

2. 皿にご飯を土手状に盛り、真ん中に **1** をあふれるくらい盛りつける。

3. 麻婆だれの上に基本の背脂をかける。

背脂が放つ黄金に輝きし
ギタギタの山
一度食べてしまったら
もう逃げられない
中毒性のあるうまさ

チャーハン

背脂ギタギタ

材料

ご飯……300g
豚バラ薄切り肉……7枚
にんにく……2片
しょうが……2片
長ねぎ……10cm
背脂(ブロックの状態)……150g
溶き卵……卵2個分
塩、こしょう……適量
うま味調味料……適量

> 背脂系チャーハンの基本系。ギタギタだからうまい！ 好きな具材で作ってみよう。

作り方

1. 豚バラ薄切り肉は1cm幅の細切りにする。

2. にんにくとしょうがはみじん切りにする。長ねぎは小口切りにする。

3. フライパンに背脂ブロックを入れ、中火でじっくりとキツネ色になるまで焼いて脂を抽出する(P.11参照)。

4. 大さじ3程度の脂が出たら、残った背脂のブロックを取り出す。

5. 4の抽出背脂に1を入れて強火で炒め、豚肉に火が通ったら、いったん豚肉のみ取り出しておく。

6. 5のフライパンに、にんにくとしょうがを入れて強火で炒める。

7. 香りが立ったら溶き卵とご飯を入れ、ご飯をほぐしながら手早く炒める。

8. 豚肉を戻し入れ、長ねぎも加えてさらに炒める。

9. 塩、こしょう、うま味調味料で味を調える。

背脂の海に溺れる

焼肉背脂チャーハン

チャーハンのうまさは脂のうまさ!
市販の焼肉丼も背脂があれば
激うまギタギタチャーハンに

材料

市販の焼肉丼(大盛り)……1個
長ねぎ……1/2本
にんにく……4片
しょうが……2片
溶き卵……卵2個分
背脂(ブロックの状態)……150g
塩、こしょう……適量
市販の温泉卵……1個

ホルモン焼肉丼で作ると
さらにボリュームアップ!

作り方

1. 長ねぎ、にんにく、しょうがは、すべてみじん切りにする。

2. フライパンに背脂ブロックを入れ、中火でじっくりとキツネ色になるまで焼いて脂を抽出する(P.11参照)。

3. 大さじ3程度の脂が出たら、残った背脂のブロックを取り出す。

4. 3の抽出背脂に1を入れ、強火で炒める。

5. 香りがたったら溶き卵を流し入れ、軽くまぜる。

6. 市販の焼肉丼を入れ、強火でほぐしながら手早く炒める。

7. 全体がよくまざったら、塩、こしょうで味を調える。

8. 器に盛り、市販の温泉卵をのせる。

背脂鍋

野菜も肉もたっぷり
だがしかし、背脂もたっぷり!!
背脂100%鍋で天国いき

材料

白菜……5枚
長ねぎ……1本
にんじん……1本
しめじ……1パック
豚バラ薄切り肉……10枚
Ⓐ水……200ml
┃しょうゆ……200ml
酒……50ml
基本の背脂(P.8参照)……300g
水としょうゆは1:1の割合で。
鍋が6割ほど埋まる容量が目安。

ポン酢や柚子胡椒で味変してもいい。見た目以上にパワーがあるので3〜4人で食べることをおすすめする。

作り方

1. 白菜は食べやすい大きさに切り、長ねぎは2cm幅の斜め切りする。

2. にんじんは厚さ5mmの半月切りにし、しめじは石づきを取り、手で分ける。

3. 土鍋にⒶと酒を入れる。

4. 1と2を入れ、覆うように豚バラ肉をのせる。

5. 4の上に、基本の背脂の半量をかけ、ふたをして中火で具材に火が通るまで煮る。

6. 具材に火が通ったらふたをあけ、残りの基本の背脂をかける。

背脂辛味鍋

ただでさえ体がポカポカする辛味鍋を背脂でさらにパワーアップ!

材料

豚バラ薄切り肉……10枚
にら……1束
にんにく……4片
しいたけ……4個
白菜キムチ……200g
もやし……1袋
ごま油……適量
市販の辛味系鍋のつゆ……1袋
基本の背脂(P.8参照)……300g
ピザ用チーズ……100g

鍋のシメはラーメンがおすすめだ!

作り方

1. にらは5cmの長さに切る。にんにくは薄皮をむいておく。しいたけは軸を取っておく。

2. 豚バラ薄切り肉は食べやすい大きさに切る。

3. フライパンにごま油とにんにくを入れて中火で熱し、2を入れて肉の色が変わるまで炒める。

4. 土鍋に3、しいたけ、白菜キムチ、もやし、市販の辛味系鍋のつゆを入れて煮る。

5. 野菜に火が通ったら、にら、基本の背脂、ピザ用チーズを入れてさっと煮る。

背徳感と罪悪感、
そして大いなる愉悦を
スパイスに
背脂をまとって光り輝く
野菜炒め

罪悪感たっぷり野菜炒め

材料

豚こま切れ肉……150g
にんじん……1/2本
ピーマン……3個
キャベツ……1/4個
長ねぎ……1/2本
おろしにんにく、おろししょうが(チューブ)
……小さじ1
もやし……1袋
こしょう……適量
Ⓐ しょうが(薄切り)……1枚
　しょうゆ……大さじ1
　酒……大さじ2
　うま味調味料……適量
　中華スープ調味料……小さじ2
サラダ油……大さじ1
水溶き片栗粉……適量
基本の背脂(P.8参照)……100g

作り方

1. にんじんは短冊切りにする。

2. ピーマンは種を取って細切りにし、キャベツはざく切り、長ねぎは斜めの薄切りにする。

3. 耐熱容器にⒶを入れてよくまぜ、ラップをかけて電子レンジで2分加熱する。

4. 豚肉は軽くこしょうをまぶしておく。

5. フライパンにサラダ油を入れて熱し、4を炒める。火が通ったらいったん皿に取り出す。

6. 5のフライパンでにんじんを炒め、火が通ってきたら、2を加えてさらに炒める。

7. にんにくとしょうがを加えて軽く炒める。

8. もやし、3、水溶き片栗粉、5を戻し入れ、全体がまざるように軽く炒める。

9. 皿に盛り、基本の背脂をかける。

もしかしたら粉物との
相性よし!?
タコパの変わり種として
活躍しそうな
ニュータイプの
たこ焼き2種

材料

たこ焼き粉……150g
水……500ml
卵……1個
ブロッコリー……1/2個
茹でダコ……100g
小ねぎ……1/2本
揚げ玉……50g

背脂(ブロックの状態)……300g
ソース……適量
マヨネーズ……適量
かつお節……適量
〈キムチーズ背脂たこ焼き用〉
ピザ用チーズ……30g
キムチ……100g

> ノーマルタイプの背脂
> たこ焼きは意外とあっさ
> り。キムチーズ背脂は
> 濃厚系。いろいろな具
> で試してみてもいいかも。

背脂たこ焼きの作り方

1. ブロッコリーは茹でて、たこ焼き器に入るサイズの小房にしておく。

2. 茹でダコはたこ焼きにしやすい大きさに切る。

3. 小ねぎは小口切りにする。

4. ボウルにたこ焼き粉を入れ、水と卵を加えてよく溶いておく(たこ焼きタネ)。

5. 別のボウルに小ねぎと揚げ玉を入れてまぜておく。

6. フライパンに背脂ブロックを入れ、中火でじっくりとキツネ色になるまで焼いて脂を抽出する(P.11参照)。

7. おたま1杯分の脂が出たら、残った背脂のブロックを取り出す。

8. 取り出した背脂をみじん切りにし、5にまぜる(背脂タネ)。

9. たこ焼き器に7の抽出背脂を入れて熱し、4のたこ焼きタネを流し入れる。

10. 各ブロックに1や2を入れる。

11. 全体にまんべんなく8の背脂タネを入れ、たこ焼きの要領で焼く。

12. 焼きあがったら皿に盛り、お好みでソース、マヨネーズ、かつお節をかける。

キムチーズ背脂たこ焼きの作り方

1. たこ焼き器に抽出背脂を入れて熱し、たこ焼きタネを流し入れる。

2. 背脂タネ、ピザ用チーズ、キムチを入れ、たこ焼きの要領で焼く。

3. 焼きあがったら皿に盛り、お好みでソース、マヨネーズ、かつお節をかける。

背徳感マシマシ丁あがり!! 背脂全力めし

結構クセに
なる

背脂たこ焼き

たこ焼き器で作る 背脂アヒージョ

料理としては正確だけど
背脂系レシピとしては
ハズレ!?
普通においしい
背脂アヒージョ

材料

好みの野菜(ブロッコリーやじゃが
いもなど)……200g
背脂(ブロックの状態)……300g
おろしにんにく(チューブ)……適量
(多めに)
塩、こしょう……適量

> 冷めてくると一気に背脂感
> が強くなるので、背脂感を
> あまり感じたくない人は熱い
> うちに。背脂感を感じたい
> 人はやや冷めてから食べる
> といいかも。

作り方

1. 野菜は茹でるなど下処理をし、
   たこ焼き器に入る大きさに切る。
   ちなみに、市販の茹で野菜や、
   温野菜サラダなどを使うと簡単。

2. フライパンに背脂ブロックを入
   れ、中火でじっくりとキツネ色
   になるまで焼いて脂を抽出する。

3. おたま1杯分の脂が出たら、残っ
   た背脂のブロックを取り出す。

4. たこ焼き器に、**3**の抽出背脂と
   おろしにんにくを入れて温める。

5. **1**を入れ、塩、こしょうを振る。
   背脂オイルを絡めながら食べる。

ドカ食い気絶部の活動報告1

ドカ食い気絶部会員ナンバー1きょうメシ

ドカ食い気絶部とは「食いたいものを本能の赴くままに食い、気絶するように眠る」活動をする部活だ。とはいえ、ただ量を求めるだけのドカ食いには美しさを感じない。感謝・創意工夫・よろこびを感じながら食べるのが当部のモットーだ。ここでは、その活動の中で作っているドカ食いレシピを一部紹介する。ちなみに、会員はいまのところ俺1人……。随時部員募集中だ!

朝食1回目（ウォーミングアップ）

卵かけコンビーフご飯

朝を制する者は1日を制する！
ただ白米に卵をかけるだけでは物足りない人に送る、たんぱく質マシマシ朝食

材料

ご飯……300g
コンビーフ……2缶（160g）
長ねぎ……10cm
うま味調味料……適量
レモン汁……小さじ2
ごま油……大さじ2
こしょう……適量
卵黄……1個

> ねぎは多めに入れてもおいしい。インスタントでいいので味噌汁もつければバッチリだ!

作り方

1. 長ねぎをみじん切りにする。
2. コンビーフはほぐしておく。
3. ボウルに**1**、うま味調味料、レモン汁、ごま油、こしょうを入れてよく和える。
4. 皿にご飯を盛り、**3**、**2**の順にかけ、卵黄をのせる。
5. 全体をよくまぜ合わせて食べる。

本日のドカ食い活動記録

-----起床-----

朝食1回目（ウォーミングアップ）:卵かけコンビーフご飯、インスタント味噌汁

朝食2回目（モーニング）:某人気コーヒー店のお得なモーニング

-----そのまま動画編集作業-----

昼食:フライドチキンとチーズソース、ドーナッツ、コーラ

-----昼寝-----

3時のおやつ:某有名ドーナッツ店のドーナッツ3個、コーラ

夕食:背脂チャーハン（と背脂のせカップ麺）、コーラ

-----気絶するように就寝-----

昼食

フライドチキンと
チーズソース

既製品も創意工夫！
ギルティなものに
ギルティなものを掛け合わせて
罪深いうまさの
フライドチキンが誕生！

材料

市販のフライドチキン
……好きなだけ

バター……10g

薄力粉……小さじ2

牛乳……100ml

ピザ用チーズ……100g

アウトドア用万能スパイス……適量

> チーズソースはポテトにつけてもおいしい！ なお、デザートとしてドーナッツにつければ、ドカ食い気絶部としては完璧だ！

作り方

1. フライパンにバターと薄力粉を入れて中火にかける。

2. バターを溶かしながらよくまぜる（焦がさないよう注意！）。牛乳とピザ用チーズを加えてさらにまぜる。

3. アウトドア用万能スパイスを振って軽くまぜ、器に盛る（フライパンのまま食べてもOK）。

4. フライドチキンにチーズソースをつけながら食べる。

背脂チャーハン

（と背脂のせカップ麺）

俺の1日はやっぱり
背脂を食わないと終わらない！
うま味たっぷりの抽出背脂の
チャーハンにこれでもかと
白背脂をかける
余すことなく
背脂を楽しめるメニュー

材料

ご飯……300g
にんにく……2片
しょうが……2片
長ねぎ……10cm
手作りチャーシュー（P.12参照）……好みの量
溶き卵……卵2個分
背脂（ブロックの状態）……150g
うま味調味料……適量
塩、こしょう……適量
基本の背脂（P.8参照）……適量
カップ麺（大盛りタイプ）……1個

作り方

1. にんにくとしょうがは、皮をむいてみじん切りにする。

2. 長ねぎは小口切りにする。手作りチャーシューは細かく切る。

3. フライパンに背脂ブロックを入れ、中火でじっくりとキツネ色になるまで焼いて脂を抽出する。

4. 大さじ3程度の脂が出たら、残った背脂のブロックを取り出す。

5. 4の抽出背脂に1を入れ、強火で炒める。

6. 香りが立ったら溶き卵とご飯を入れ、ご飯をほぐしながら手早く炒める。

7. 2を入れてさらに炒め、うま味調味料、塩、こしょうで味を調え、皿に盛る。

8. 7と出来上がったカップ麺に基本の背脂をたっぷりかける。

2章

俺の1日は楽してうまいめしをドカ食いしないと締まらない! ということで本章では、既製品や市販品をアレンジして、新たなうまいめしを生み出す技をお伝えしよう。「腐っても料理系 YouTuber なのに、市販品を使うなんて楽しやがって」という天の声も聞こえてきそうだが、「楽してうめぇ」が1番いいに決まっている! 俺たちはもっと楽をしてもいい。企業の努力の結晶をフル活用して作り出す、楽してうめぇレシピを堪能あれ。

楽して
うまいが最高!!
既製製品を
使った全力めし

辛いけど うまい！

カルボナーラ風ピリ辛炒め麺

材料

インスタント炒め辛麺……3袋
カット済みブロックベーコン……150g
牛乳……100ml
ピザ用チーズ……100g
黒こしょう……適量
卵……2個

辛味が強いときはチーズソースを追加しよう。反対に辛いもの好きの人は、インスタント麺でもっと辛いものを使用して作ってもおいしい！

作り方

1. 炒め辛麺を袋の表記通りに作る。ただし付属のソースは1個だけ使う。出来上がったらボウルに取り出しておく。

2. フライパンでベーコンを炒め、**1**に入れる。

3. チーズソースを作る。空いたフライパンに牛乳を入れて中火にかけ、沸いてきたら、チーズ、黒こしょうを加えてチーズが溶けるまでかきまぜる。

4. **3**を**2**に入れ、卵2個を割り入れる。

5. 全体をよくまぜ合わせて器に盛る。

魔法のチーズソースと卵で
人気の辛い炒め麺をアレンジ
辛さとマイルドさが同居する
クセになる麺料理

50

材料

ご飯……300g
市販のエビチリ……1パック
溶き卵……卵2個分
ピザ用チーズ……50g

サラダ油……大さじ1
マヨネーズ……適量
ドライパセリ……適量

超簡単で激うま！

卵チーズエビチリ丼

作り方

1. 溶き卵にピザ用チーズを加えてよくまぜる。

2. フライパンにサラダ油を入れて中火で熱し、**1**を入れてスクランブルエッグを作る。出来上がったら、皿に取り出す。

3. 空いたフライパンに既製品のエビチリをあけ、炒める。

4. **3**に**2**を戻し入れ、さっと炒める。

5. ご飯とともに皿に盛り、マヨネーズをかけてドライパセリを振る。

ふわとろ卵とチーズでアレンジしたらマイルドで濃厚な極上エビチリ丼ができたわよ～

チーズ爆のせピザ

爆盛りチーズがクセになる
深夜や残業上がりに
無性に食べたくなるシンプルピザ

材料

市販のチーズピザ(チルド)……1枚(20cmのもの)
ベーコン……2枚
ピザ用チーズミックス……50g
卵……1個
オリーブオイル……大さじ1
黒こしょう……適量
ドライパセリ……適量

> チーズの量はお好みでOK。塩味が強くなりやすいので大量にのせすぎないよう注意。

作り方

1. ベーコンは半分の長さに切る。市販のチーズピザの中央を少しくぼませて、ピザ用チーズミックスをのせる。

2. **1**の中央に卵を割り入れる。

3. ピザ全体にオリーブオイルと黒こしょうをかける。

4. 卵を囲むようにベーコンを乗せ、さらに黒こしょうを振る。

5. チーズピザの袋に表記してある通りの時間で焼く。

6. 焼きあがったらドライパセリを振る。

台湾まぜカレー

台湾まぜそばとカレーライスのいいとこ取り
肉ドン!ねぎドン!
にんにくドンな日本男児の理想郷
がっつりまぜまくって食らえ!

材料

市販のレトルトカレー……1個
ご飯……300g
豚ひき肉……200g
市販のチャーシュー……6枚
にんにく(みじん切り)……1片分
刻み長ねぎ……1/4本分
かつお節……適量
卵黄……1個
Ⓐ しょうゆ……大さじ1
　 みりん……大さじ1
　 酒……大さじ1
　 おろしにんにく(チューブ)……大さじ1/2
　 豆板醤……適量
ごま油……大さじ1

> チャーシューはバーナーで
> 炙ってから加えると、見た目
> も味もより一層おいしく!

作り方

1. Ⓐの材料を合わせておく。

2. フライパンにごま油を入れて熱し、豚ひき肉を炒める。

3. 肉の色が変わってきたら、**1**を入れて炒め合わせる。

4. 市販のチャーシューを食べやすい大きさに切る。

5. レトルトカレーを温める。

6. 皿の半分にご飯を盛り、その上に**3**をかける。

7. 残りの半分にカレーを盛り、にんにく、刻み長ねぎ、
   かつお節をかけ、**4**と卵黄をのせる。

8. 豪快にまぜながら食べる。

簡単・すぐ
できる!

フワトロ カルボカレー

カレー食べたいけど
普通には食べたくない
作るの面倒だけど
おいしいものが食べたい
そんなズボラで
わがまま気分な日にはコレ!

材料

市販のレトルトカレー……1個
ご飯……300g
カット済みブロックベーコン……100g
卵……2個
ピザ用チーズ……30g
オリーブオイル……大さじ1
せん切りキャベツ……100g
ドライパセリ……適量

作り方

1. フライパンにオリーブオイルを入れて熱し、ブロックベーコンを焼く。

2. **1**に卵を割り入れ、黄身を潰しながら全体をふんわりまぜ合わせる。

3. ピザ用チーズを加え、形をまとめながら好みの固さに焼く。

4. レトルトカレーを温める。

5. 皿の半分にご飯を盛り、もう半分にカレーを盛る。

6. ご飯の上に**3**をのせ、せん切りキャベツを添えてドライパセリを振る。

夢の「好きなトッピング全部のせカレー」が我が家に降臨
ボリュームも満点な簡単男めしカレー

夢の男めしカレー

材料

市販のレトルトカレー……1個
ご飯……300g
豚ロース肉(しゃぶしゃぶ用)……100g
市販のとんかつ……1枚
市販のチキンカツ……1枚
卵……1個
マヨネーズ……適量
サラダ油……適量
細切りチーズ(生食用)……適量
ドライパセリ……適量

> 市販のレトルトカレーは、有名店のものを使うとさらに「好きなトッピング全部のせ」の気分が出る!

作り方

1. 豚ロース肉は茹でておく。

2. 市販のレトルトカレーを温める。

3. とんかつとチキンカツは食べやすい大きさに切る。

4. ボウルに卵とマヨネーズを入れてよくまぜる。

5. フライパンにサラダ油を入れて熱し、4を入れてスクランブルエッグを作る。

6. 皿の半分にご飯を盛り、残りの半分に2をかける。

7. カレーの上に1、3、5を並べ、細切りチーズをのせる。

8. ご飯の上にドライパセリを振る。

爆盛りなのに
おかわり必須！
ガチでうまい
高菜炒めで作る
箸が止まらなくなる
チャーシュー丼

高菜チャーシュー丼

60

うまい高菜炒めの作り方

材料

市販の高菜漬け（刻み）……360g
おろしにんにく（チューブ）……小さじ2
ごま油……大さじ1
一味唐辛子……適量
しょうゆ……小さじ2
白だし……大さじ2
いりごま(白)……適量

> 高菜漬けは、ご飯のお供にだけでなく、お茶漬け、おにぎり、パスタ、ラーメンなどにも使えるので、常備菜としておすすめ。

作り方

1. 高菜漬けはザルにあけ、すでについている味が落ちきるくらい流水で揉むように洗い、絞って水気を切る。

2. フライパンにごま油の半量を入れて中火で熱し、**1**を炒める。

3. 全体に油が回ったら、おろしにんにくと一味唐辛子を入れて炒める。

4. 全体がまざったら、しょうゆと白だしを入れてさらに炒める。

5. 残りのごま油を加えてさっとまぜたら、火からおろす。

6. 器に盛り、いりごまを振る。

流水で揉むように洗う。できれば水が透明になるくらいまで洗うとベター。

高菜チャーシュー丼の作り方

材料

うまい高菜炒め……100g
ご飯……300g
市販のチャーシュー……100g

> 味変でマヨネーズ、市販のにんにく背脂をかけてもgood。チャーシューはバーナーで炙ると、見た目とおいしさもさらにアップ！

作り方

1. 市販のチャーシューは食べやすい大きさに切る。

2. 皿に土手状にご飯を盛る。

3. 真ん中の穴に、たっぷりうまい高菜炒めを入れ、**1**をのせる。

4. 味変でマヨネーズ、市販のにんにく背脂をかけてもおいしい。

ローストビーフユッケ丼

女子にも人気なローストビーフ丼の男めし版バージョン　オシャレさからは程遠いが味とボリュームは二重丸！

材料

市販のローストビーフ……100g
ご飯……300g
Ⓐしょうゆ……大さじ1
　みりん……大さじ1
　ごま油……大さじ1
　おろしにんにく
　（チューブ）……大さじ1
　コチュジャン……適量

かいわれ大根……1パック
いりごま（白）……適量
卵黄……1個

作り方

1. かいわれ大根は根元を切っておく。
2. ローストビーフは1〜1.5cm幅の細切りにする。
3. ボウルにⒶの材料を入れてよくまぜる。
4. 3に2を入れてよく和える。
5. 丼にご飯を盛り、4とかいわれ大根をのせる。
6. いりごまを振り、卵黄をのせる。

材料

牛丼（大盛り）……1個
溶き卵……卵2個分
サラダ油……大さじ3
うま味調味料……適量
紅しょうが……適量

作り方

1. フライパンにサラダ油を入れて強火で熱し、溶き卵を流し入れる。
2. 卵が固まらないうちに、続けて牛丼を全部入れる。
3. 牛丼をほぐしながら炒め、全体がまざったらうま味調味料を振る。
4. 皿に盛り、紅しょうがを添える。

あえて
炒めてみる

牛丼チャーハン

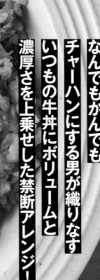

なんでもかんでも
チャーハンにする男が織りなす
いつもの牛丼にボリュームと
濃厚さを上乗せした禁断アレンジ！

手軽に
倍プッシュ

角煮のせチャーハン

男の心と胃袋を掴んで
離さないチャーハンに
爆弾のようなインパクトと
味わいをプラス
男子ならみんな大好きな
柔らかい食感と
肉肉しいうま味

材料

市販の豚の角煮……100g
ご飯……300g
長ねぎ……10cm
にんにく……2片
しょうが……2片
溶き卵……卵2個分
サラダ油……大さじ3
うま味調味料……適量
塩、こしょう……適量
中華スープ調味料……小さじ2
しょうゆ……小さじ1

作り方

1. 長ねぎは小口切りにする。にんにくとしょうがはみじん切りにする。

2. 豚の角煮は温めて、食べやすい大きさに切る。

3. フライパンにサラダ油を入れて強火で熱し、**1**を入れる。

4. 香りが立ったら溶き卵を入れて軽く炒め、卵が固まらないうちにご飯を入れる。

5. ご飯をほぐしながら炒め、うま味調味料、塩、こしょう、中華スープ調味料を入れる。

6. 鍋肌にしょうゆを回し入れ、軽く炒める。

7. 皿に盛り、**2**をのせる。

65

ブレックファースト
ドリーム

*BREAKFAST DOWN*セット

あの人気格闘技コンテンツに
あやかりたい！
女子も男子も
見惚れる肉体を夢見て
タンパク質を貪りちらかす
簡単ヘルシーな朝食作り

チーズコンビーフ丼

材料

コンビーフ……2缶(160g)
ご飯……300g
かいわれ大根……1パック
卵黄……1個
粉チーズ……適量

作り方

1. コンビーフはほぐしておく。

2. かいわれ大根は根元を切る。

3. 皿にご飯を盛り、1、卵黄、2の順にのせ、粉チーズを振る。

ささみサラダ

材料

鶏ささみ……3本
リーフレタス……3枚
かいわれ大根……1パック
酒……大さじ1
アウトドア用万能スパイス
……適量

Ⓐオリーブオイル……大さじ2
　バルサミコ酢……大さじ1
　塩……小さじ1/2
　はちみつ……小さじ1/2

作り方

1. リーフレタスは食べやすい大きさにちぎり、かいわれ大根は根元を切る。

2. 鍋に湯を沸かし、沸騰したら中火にし、酒と鶏のささみを入れてふたをする。

3. 再び沸騰したら火を止め、15分おく。

4. 中まで火が通ったら、取り出して粗熱をとる。

5. ささみを食べやすい大きさに割き、アウトドア用万能スパイスを振って軽くまぜる。

6. 器に1を入れ、5をのせる。

7. ボウルにⒶを入れてよくまぜ、6にかける。

深夜の中華食堂

金曜の夜にビールと嗜む 4品

今週頑張った自分に捧げる小さな幸せ
中華食堂の鉄板メニューを自宅で楽しむ
絶対に間違いのないうまさに魂が解放!

小松菜炒め

材料

小松菜……1袋
にんにく……2片
Ⓐ 塩……小さじ1/3
　 酒……大さじ1
ごま油……大さじ1

> 空心菜で作ればさらに中華食堂風に。豆苗やチンゲンサイなどでもおいしい。

作り方

1. 小松菜は5cmの長さのざく切りにし、軽く洗って水気を切る。
2. にんにくは薄皮をむいて、薄切りにする。
3. Ⓐの材料をよく合わせておく。
4. フライパンにごま油と2を入れて、強火で熱する。
5. 香りが立ったら1を入れ、手早く炒める。
6. 3を回しかけてサッと炒めたら、器に盛る。

エビチリ卵

材料

既製品のエビチリ……2パック
溶き卵……卵3個分
ごま油……大さじ2

作り方

1. フライパンにごま油を入れて強火で熱し、既製品のエビチリを入れて軽く炒める。
2. 1に溶き卵を流し入れ、大きくまぜながら炒める。
3. 卵が好みの固さになったら火からおろし、器に盛る。

中華風冷奴

材料

絹ごし豆腐……1/2丁
長ねぎ……7㎝
ザーサイ……30g
Ⓐ しょうゆ……小さじ1/2
　 酢……小さじ1
　 ごま油……大さじ1
焼き海苔……適量

作り方

1. 絹ごし豆腐は水を切り、食べやすい大きさに切る。
2. 長ねぎは斜めの薄切りにする。ザーサイは細かく刻む。
3. Ⓐの材料をよく合わせておく。
4. ボウルに2と3を入れ、よく和える。
5. 豆腐を器に盛って4をかけ、焼き海苔を揉んでかける。

メンマ ねぎチャーシュー

材料

市販のチャーシュー……100g
長ねぎ……7㎝
市販のメンマ……30g
ラー油(お好みで)……適量
いりごま(白)……適量

作り方

1. チャーシューは7〜8mmの棒状に切る。長ねぎは斜めの薄切りにする。
2. ボウルに1とチャーシューの汁(たれ)、メンマを入れ、よく和える。
3. 器に盛り、ラー油といりごまを振る。

71

カップ麺アレンジ
カレー味で
チーズソース
カレーチャーハン

カレーとチーズが合う！

すでに味がついてるスープを使うから
料理初心者でも
カレーチャーハンが簡単に作れる!
濃厚チーズソースでうま味とボリュームをアップ!

ここからはカップ麺&袋麺の
アレンジレシピを紹介! 麺
を食べ終わったからと、余っ
たスープは捨てるなよ!!

材料

カレー味カップ麺の余ったスープ
(大盛り)……1個分
ご飯……300g
ピザ用ミックスチーズ……30g
溶き卵……卵2個分
サラダ油……大さじ1
卵黄……1個
〈チーズソース〉
　バター……10g
　薄力粉……小さじ2
　牛乳(または豆乳)……100ml
　ピザ用ミックスチーズ……100g

作り方

1. カレー味カップ麺のスープに、ピザ用ミックスチーズを入れる。
2. フライパンにサラダ油を入れて強火で熱し、溶き卵を流し入れる。
3. 続けてご飯を入れ、ほぐしながら炒める。
4. 1を入れてさらに炒め、皿に盛る。
5. チーズソースを作る。空いたフライパンを軽く拭き、バターと薄力粉を入れて中火にかける。
6. バターを溶かしながらよくまぜ(焦がさないよう注意!)、牛乳とピザ用ミックスチーズ加えてさらにまぜる。
7. 4に6をかけ、卵黄をのせる。

シーフード味で
シーフードドリア

材料

シーフードカップ麺の余ったスープ
（大盛り）……1個分
冷凍シーフードミックス……100g
ご飯……200g
ピザ用ミックスチーズ……30g
ドライパセリ……適量

> シーフードミックスは、野菜なども入ったシーフードパエリアやピラフ用の「具セット」を使うと、さらに豪華さアップ！

作り方

1. フライパンに冷凍シーフードミックスを入れ、中火で温める（電子レンジで温めてもOK）。

2. 土鍋にシーフード味カップ麺のスープとご飯、**1**を入れてよくまぜ、ふたをして中火にかける。

3. 煮立ったらピザ用ミックスチーズを入れる。

4. チーズが溶けたら、ドライパセリを振る。

ドリアのような
リゾットのような不思議な食感
チーズとシーフードの融合がクセになる
予想以上のうまさにジャンキー続出!?

風リゾット

75

なんとびっくり、
ちゃんと麻婆豆腐風になる！
麺を味わったら
麻婆丼でシメるという
激辛カップ麺との
新しい戦い方

カップ麺アレンジ
激辛系
タンメンで
麻婆豆腐丼

材料

激辛カップ麺の余ったスープ……1個分
ご飯……300g
木綿豆腐……1丁
長ねぎ……10cm

豚ひき肉……100g
サラダ油……大さじ1
オイスターソース……大さじ1
水溶き片栗粉……適量

作り方

1. 木綿豆腐はさいの目に切り、長ねぎはみじん切りにする。

2. 鍋に湯を沸かして豆腐を茹で、豆腐が浮いてきたらざるにあげる。

3. フライパンにサラダ油を入れて強火で熱し、ひき肉を炒める。

4. 肉に火が通ったら、**1**の長ねぎを入れて軽く炒め、激辛系カップ麺のスープと**2**、オイスターソースを入れてまぜる。

5. 火を止めて水溶き片栗粉を回し入れ、とろみが出るまで静かにまぜる。

6. 丼にご飯を盛り、**5**をかける。

材料

カップ焼きそば(大盛り)……2個
既製品の牛塩ホルモン炒め(野菜入り)……1個
水……250ml
オイスターソース……大さじ1
ごま油……適量
青海苔……適量

作り方

1. 牛塩ホルモン炒めは温めておく。
2. フライパンに水を入れて火にかけ、沸騰したら大盛り焼きそばの麺と具を入れる。
3. 中火で水気がなくなるまで炒める。
4. 付属のソース、オイスターソース、ごま油を入れて炒め合わせる。
5. 火を止めて、1を入れて軽くまぜる。
6. 器に盛り、青海苔を振る。

フライパンでカップ焼きそばを作るだと!?

カップ麺アレンジ カップ焼きそばで ホルモン焼きそば

こってり系でパワーのあるものを腹いっぱい食べたいというわがままボーイたちにおすすめ！きょうメシ流カップ焼きそばの罪深い食べ方

78

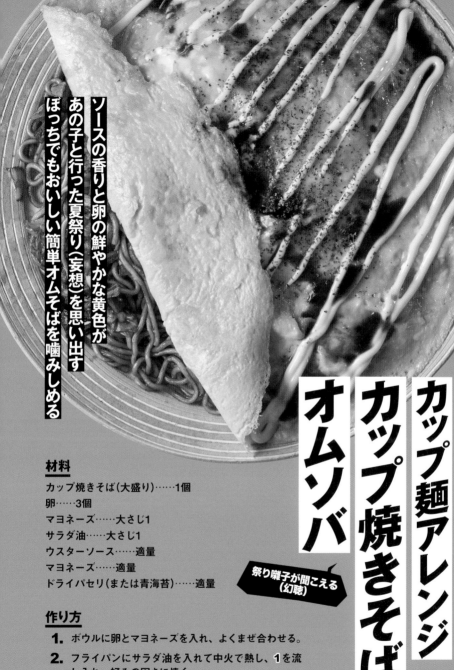

ソースの香りと卵の鮮やかな黄色が
あの子と行った夏祭り（妄想）を思い出す
ぼっちでもおいしい簡単オムそばを噛みしめる

カップ麺アレンジ
カップ焼きそばの
オムソバ

祭り囃子が聞こえる
（幻聴）

材料

カップ焼きそば（大盛り）……1個
卵……3個
マヨネーズ……大さじ1
サラダ油……大さじ1
ウスターソース……適量
マヨネーズ……適量
ドライパセリ（または青海苔）……適量

作り方

1. ボウルに卵とマヨネーズを入れ、よくまぜ合わせる。
2. フライパンにサラダ油を入れて中火で熱し、1を流し入れ、好みの固さに焼く。
3. カップ焼きそばを表示通りに作る。
4. 3に2をのせ、お好みでウスターソース、マヨネーズ、ドライパセリをかける。

チキンなのに
羽ばたきやがる

袋麺アレンジ
鶏がらラーメンで
油そばと天津飯

いつもの味に飽きてしまったら
コイツを作って食ってみな!
かなりうまい油そばと天津飯で……トブぞ
袋のラーメン1つで2品楽しめるお得感

材料

【共通の材料】

鶏がら袋ラーメン……1個

長ねぎ……10cm

〈油そばの材料〉

豚ひき肉……100g

ごま油……大さじ1

甜麺醤……大さじ1/2

もみ海苔……適量

卵……1個

かつお節……適量

ラー油(お好みで)……適量

〈天津飯の材料〉

ご飯……300g

冷凍エビ(解凍しておく)……80g

卵……2個

ごま油……大さじ1

片栗粉……小さじ1

下準備

長ねぎは小口切りにする。

袋ラーメンを表記通りに作り、麺とスープを分ける。

油そばの作り方

1. 麺を丼に入れる。

2. フライパンにごま油を入れて中火で熱し、甜麺醤と豚ひき肉を入れて炒める。

3. 肉に火が通ったら、1の上にかける。

4. 長ねぎの半量、もみ海苔、卵、かつお節をのせ、お好みでラー油をかける。

天津飯の作り方

1. 丼にご飯を盛る。

2. フライパンにごま油を入れて強火で熱し、残りの長ねぎを入れる。

3. 解凍した冷凍エビと卵を割り入れ、卵の黄身を崩しながら炒める。

4. 卵が好みの固さになったら、1にのせる。

5. 空いたフライパンに分けておいた鶏がらラーメンのスープと片栗粉を入れ、よくまぜながら中火にかける。

6. とろみがついてきたら、4にかける。

袋麺アレンジ

赤い悪魔と黄色い
鬼のランデブー

欲望の激辛ラーメン

赤い悪魔に野菜と肉を
たっぷり加えて健康的〜♪
と思いきや、鬼チーズ増し
さらにギルティに！
だがうまい、だが辛い、
だが箸が止まらない！

材料

激辛ラーメン(袋麺)……3個
ウインナー……4〜5本
豚こま切れ肉……50g
しいたけ……5個
小松菜……1/2袋
ごま油……大さじ1
水……1000ml
ミックスチーズ……100g
卵……2個

作り方

1. しいたけは軸を取って食べやすい大きさに切る。小松菜は根元を落とし、3cmの長さに切る。

2. ウインナーは斜め半分に切る。

3. フライパンにごま油を入れて強火で熱し、豚こま切れ肉を炒める。

4. 肉の色が変わったら、**1**と**2**を入れてさっと炒める。

5. **4**に水を入れ、煮立ったら激辛ラーメンの麺、スープの粉、薬味を入れ、麺をほぐしながら煮込む。

6. 麺がほぐれたらミックスチーズと卵を割り入れ、麺が好みの固さになるまで煮込む。豪快にフライパンで食べる。

ドカ食い気絶部の活動報告2

留まることのないときの中でいくつもの移りゆくドカ食い

俺の1日は炭水化物と脂を食い尽くさないと気がすまない！　ということで、今回のドカ食い気絶部は、「糖質制限くそくらえ！」な、みんな大好き炭水化物＆脂質のオンパレードだ。俺は特殊な訓練を受けているのでドカ食いができるが、よい子や真っ当な大人は真似してはいけない。適度な量で楽しんでほしい。

本日のドカ食い活動記録

-----起床-----

朝食:目玉焼きウインナー丼、インスタント味噌汁

昼食:絶対うまいペペロンチーノ、市販のピザ、コーラ

3時のおやつ:某有名ドーナッツ店のドーナッツ5個、コーラ

夕食:目玉焼きのせ回鍋肉、コーラ

-----気絶するように就寝-----

朝食

目玉焼きウインナー丼

ドカ食い気絶部流
ウォーミングアップ
メニュー

材料

ウインナー……6本

卵……2個

ご飯……300g

サラダ油……大さじ1

アウトドア用万能スパイス……適量

ドライパセリ……適量

朝食には味噌汁は必須だ！
インスタントでも構わない！
忘れるな。

作り方

1. フライパンにサラダ油を入れて中火で熱し、半分にウインナー、もう半分に卵2つを割り入れ、好みの固さに焼く。

2. 皿にご飯を盛り、目玉焼きをのせてまわりにウインナーを添え、アウトドア用万能スパイスとドライパセリを振る。

昼食

絶対うまい ペペロンチーノ（とピッツァ）

実はきょうメシ、イタリアンが
大得意なんです
（なのになぜこうなった!?）
道を誤った男の作る
シンプルでおいしい
本格ペペロンチーノ

市販のピザと一緒に食べる
のが、ドカ食い気絶部のセ
オリーだ。

材料

スパゲティ……200g
にんにく……3片
唐辛子……1本
バジル……2枝
塩……大さじ1
オリーブオイル……大さじ1
（市販のピザ……1枚）

作り方

1. にんにくは皮をむいて潰す。唐辛子は種を取り除く。バジルは細かくちぎる。

2. 鍋に湯2ℓ（分量外）を沸かして塩を入れ、表記通りにスパゲティを茹でる。

3. フライパンにオリーブオイルを入れて中火で熱し、にんにくを入れる。

4. 香りが立ったら、唐辛子とバジルを入れて軽く炒める。

5. 2の茹で汁を大さじ4ほど4に入れる。

6. 好みの固さに茹で上がったスパゲティを5に入れる（このとき、少し茹で汁をとっておく）。

7. とっておいた茹で汁を加え、味を調整しながら和える。

目玉焼きのせ回鍋肉

ホイ コー ロー

みんな大好きな男めしといえばやっぱりコレ！
肉とキャベツに絡む
甘さと辛さのジェットコースターで
白米がいくらでも流し込める

材料

ピーマン……中4個
キャベツ……1/4個
長ねぎ……1本
豚バラブロック肉……150g
卵……1個
塩、こしょう……少々
片栗粉……小さじ1
サラダ油……大さじ2
ごま油……大さじ1
豆板醤……小さじ1
甜麺醤……大さじ2
おろしにんにく（チューブ）……小さじ2
しょうゆ……大さじ1/2
酒……大さじ1

作り方

1. ピーマンは種を取り除いて食べやすい大きさに切る。キャベツはざく切りにする。

2. 長ねぎは斜め切りにする。

3. 豚バラブロック肉は食べやすい大きさに切り、ボウルに入れて塩、こしょうと片栗粉を振って揉んでおく。

4. フライパンにサラダ油を入れて強火で熱し、1を入れて炒め、しんなりしてきたらいったん取り出す。

5. 空いたフライパンにごま油を入れ、3を入れて強火で炒める。

6. 肉の色が変わってきたら、2と4を戻し入れて炒める。

7. 豆板醤、甜麺醤、おろしにんにくを入れて炒め合わせる。

8. しょうゆと酒を加えてさっと炒めたら火を止め、器に盛る。

9. 空いたフライパンを拭いて、トロトロめの半熟目玉焼きを作り、8にのせる

10. 目玉焼きを崩しながら食べる。

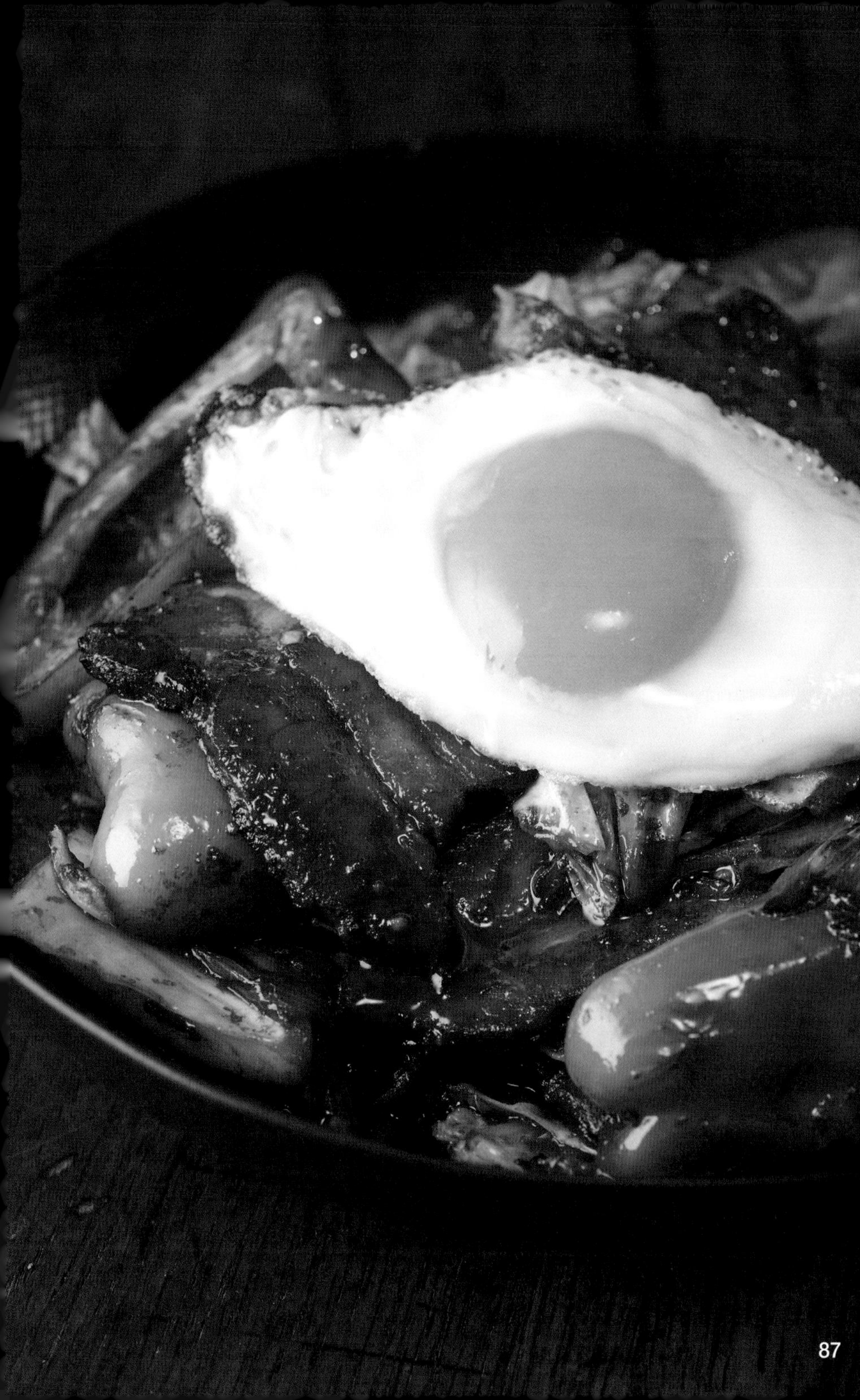

3章

俺の1日はうまいめしを作ってドカ食いしないと締まらない！ ということで本章では、ようやく料理系 YouTuber のレシピ本っぽく、ひと手間かけた、ドカ食いドカ盛りレシピを紹介したい。「結局はドカ食いドカ盛りレシピかよ！」という天の声が聞こえてくるが、そこは気にしない。欲望に忠実に食いたいものを食って、気絶するように眠る、それが俺流なのだから。うまいめしを作って食って、皆様にも愉悦と快楽の沼を楽しんでいただきたい。

ドカ食い必至
の魅力!!
今日もうめぇ
全力めし

最強のホルモン丼

野性味あふれる香り（にんにく臭）が
男の食欲をそそる
口臭？　そんなものは気にするな！
ここイチバンの勝負前夜に
食べてほしい最強男めし

材料

ご飯……300g
牛ホルモン（鍋用・焼肉用）……250g
納豆……2パック
キムチ……100g
Ⓐ 焼肉のたれ……大さじ3
　　コチュジャン……大さじ1
　　おろしにんにく（チューブ）……大さじ1/2
サラダ油……大さじ1
卵黄……1個
小ねぎ……適量

作り方

1. Ⓐの材料を合わせておく。
2. 小ねぎは刻んでおく。
3. フライパンにサラダ油を入れて強火で熱し、ホルモンを炒める。
4. ホルモンに火が通ったら**1**を入れて炒め合わせる。
5. 丼にご飯を盛り、普通に作った納豆、キムチ、**4**をのせる。
6. **5**の中央に卵黄をのせ、納豆の上に小ねぎをちらす。

野菜たっぷり木須肉

ムー
シー
ロウ

栄養たっぷりなヘルシーメニュー♪
だがしかし、それをドカ食いする不条理さ
食欲のセーブができない男が作る極上爆盛り中華

材料

きくらげ（乾燥）……10g
溶き卵……卵3個分
豚薄切り肉……200g
チンゲンサイ……2枚
にんじん……1/4本
ご飯……300g
Ⓐしょうゆ……大さじ1
　酒……大さじ1
　オイスターソース……大さじ1
　片栗粉……小さじ1/2
塩、こしょう……適量
サラダ油……大さじ1

作り方

1. ボウルにきくらげを入れ、きくらげがかぶる程度の水を入れて常温で15分おく。
2. **1**の水気を切り、食べやすい大きさに切る。
3. Ⓐの材料を合わせておく。
4. チンゲンサイは根元を落としてざく切りにし、にんじんは斜め薄切りにする。
5. 豚薄切り肉は軽く塩、こしょうを振って揉んでおく。
6. フライパンにサラダ油の半量を入れて強火で熱し、溶き卵を入れる。
7. 大きくまぜながらふんわりとまとめ、いったん皿に出す。
8. 空いたフライパンにサラダ油の残りを入れ、強火で**5**を炒める。
9. 肉に火が通ったら、にんじんを加えてさらに炒める。
10. チンゲンサイと**2**を入れ、**7**も戻し入れ、卵を崩しながら炒める。
11. **3**を加えて炒め合わせる。
12. 皿の半分にご飯、残りの半分に**11**を盛る。

チーズの海
に溺れたい

逆チーズフォンデュ

黄金に輝くチーズの
海は世界一美しく
そしておいしい海
みんな大好きチーズの海で
肉や野菜を
喰らいながら泳ぐ

材料

牛ロース肉……2枚
ブロッコリー……1個
ベビーコーン(生)……100g
ミニキャロット(生)……50g
ウインナー……1袋
アウトドア用万能スパイス……適量
オリーブオイル……適量
ピザ用チーズ……100g

牛乳……50ml
薄力粉……小さじ1

> ベビーコーンは生のものが手に入らなければ水煮でもOK。ほかにもミニトマト、じゃがいも、きのこ類、ベーコンなどで作ってもおいしい。好きな具材で楽しんでみて。

作り方

1. 牛ロース肉にアウトドア用万能スパイスを振ってなじませる。

2. ブロッコリーは茎を切り落として小房に分け、水を張ったボウルにつけておく。

3. 鍋にたっぷりの湯を沸かして塩小さじ1(分量外)を加え、水を切った **2**、ベビーコーン、ミニキャロットを入れ、中火で3分茹でる。

4. フライパンにオリーブオイルを入れて中火で熱し、**1** を焼き、火が通ったら取り出し、食べやすい大きさに切る。同じフライパンでウインナーも焼き目がつく程度に焼く。

5. 水気を切った **3** と **4** を皿に盛る。

6. フライパンを拭いて弱火にかけ、ピザ用チーズ、牛乳、薄力粉を入れ、よくかきまぜながらチーズを溶かす。

7. チーズが完全に溶けたら、熱いうちに **5** にかける。

逆チーズフォンデュのホットサンド

材料

食パン(8枚切り)……2枚
残った逆チーズフォンデュ……好みの量
ピザ用チーズ……30g
味つきカレー粉……小さじ1

作り方

1. ホットサンドメーカーに食パンを1枚置く。

2. 残った逆チーズフォンデュをのせ、ピザ用チーズをかけ、味つきカレー粉を振る。

3. 残りの食パンをのせてホットサンドメーカーを閉じ、弱火で3分、裏返してさらに2分焼く

4. 取り出して斜めに切り、皿に盛る。

ドカ盛りヤンニョムチキンを
チーズに沈めて喰らう
スパイシーなのに
マイルドなあと引くうまさ！
甘ったるくないから
ビールにも合う

週末の夜に
お酒のお供に

チーズソースがけ
ヤンニョムチキン

材料

鶏手羽元……10本
こしょう……適量
おろしにんにく(チューブ)……大さじ1
片栗粉……大さじ1
揚げ油……適量
Ⓐしょうゆ……大さじ2
　酒……大さじ2
　みりん……大さじ2
　はちみつ……大さじ2
　酢……大さじ1
　おろしにんにく(チューブ)……大さじ1
　コチュジャン……大さじ2
バター……10g
薄力粉……小さじ2
牛乳(または豆乳)……100ml
ピザ用ミックスチーズ……100g
粗挽きブラックペッパー……適量

作り方

1. ボウルに鶏手羽元、こしょう、おろしにんにく、片栗粉を入れてよく揉む。

2. フライパンに多めの油を入れて中火で熱し、**1**を揚げ焼きにする。

3. 油を処理し、空いたフライパンにⒶの材料を入れてひと煮立ちさせる。

4. **3**に**2**を入れてよく絡め、器に盛る。

5. 鍋にバターと薄力粉を入れて中火にかける。

6. バターを溶かしながらよくまぜ(焦がさないよう注意!)、牛乳とピザ用ミックスチーズ加えてさらにまぜる。

7. チーズが溶けたら器に盛り、粗挽きブラックペッパーを振る。

8. **4**を**7**につけながら食べる。

麻婆にら玉

なすと豆腐の
覇権争いに割って入る
麻婆界の期待の大型新人!
にらと卵と麻婆のパーティで
白めしを狩りつくせ

材料

にら……30g
長ねぎ……1/2本
卵……4個
ピザ用チーズ……40g
豚ひき肉……150g
サラダ油……大さじ1
甜麺醤……大さじ1
豆板醤……小さじ1
おろしにんにく(チューブ)……大さじ1
水……200ml
酒……大さじ2
しょうゆ……大さじ2
水溶き片栗粉……適量

作り方

1. にらは長さ5cmに切る。長ねぎは小口切りにする。

2. ボウルに卵とピザ用チーズを入れてまぜておく。

3. フライパンにサラダ油を入れて強火で熱し、**2**を入れる。

4. 大きくまぜながらふんわりとまとめ、いったん皿に出す。

5. 空いたフライパンにサラダ油(分量外)を足し、強火で豚ひき肉を入れて炒める。

6. 肉に火が通ったら、甜麺醤、豆板醤、おろしにんにく、水、酒、しょうゆを入れて炒める。

7. 水溶き片栗粉を回し入れて手早くまぜる。

8. **4**を戻し入れ、にら、長ねぎを加えてさっと炒め、器に盛る。

野菜・肉・春雨
バックグラウンドの違う
食材同士の
おいしい異文化交流会に
白米を投入して漢食い

1品で2種
楽しめる

男の
チャプチェ丼

材料

ご飯……300g
春雨……50g
にんじん……1/3本
しいたけ……4個
小松菜……2株
牛ロース薄切り肉……150g
Ⓐしょうゆ……大さじ2
　酒……大さじ2

おろししょうが（チューブ）……小さじ1
おろしにんにく（チューブ）……小さじ1
　塩……適量
ごま油……大さじ1
塩……少々
しょうゆ……小さじ1
粉唐辛子（お好みで）……適量

作り方

1. 春雨は袋の表記に従って戻し、水気を切って、食べやすい大きさに切る。
2. にんじんは細切りにし、しいたけは軸を取って細切りにする。
3. 小松菜は根元を落として、ざく切りにする。
4. Ⓐを合わせておく。
5. フライパンにごま油を入れて強火で熱し、2を炒める。
6. 野菜に火が通ったら、塩を加えてさっと炒める。
7. ボウルに1と6を入れる。
8. 空いたフライパンにごま油（分量外）を足し、強火で小松菜を炒める。
9. 火が通ったらしょうゆを加えてさっと炒め、7のボウルに入れる。
10. 空いたフライパンにごま油（分量外）を足し、強火で牛ロース肉を炒める。
11. 肉に火が通ったらⒶを入れて炒め合わせ、9のボウルに入れる。
12. 11をよくまぜ合わせ、フライパンに戻し、中火でさっと炒める。
13. 皿にドーナッツ状にご飯を盛り、12をかけ、お好みで粉唐辛子を振る。

余った具とご飯でビビンバ

材料

春雨だけ食べつくして具とご飯が残った
チャプチェ丼……200g
コチュジャン……大さじ1/2
ごま油……小さじ1と1/2

作り方

1. フライパンにごま油を入れて強火で熱し、「春雨だけ食べつくして具とご飯が残ったチャプチェ丼」を入れて炒める。
2. コチュジャンを入れて炒め合わせ、器に盛る。

簡単すぎて
毎日食べたい

水としょうゆと酒鍋

鍋のだしを買い忘れても大丈夫！
どこの家にもある3つの材料で作る
超絶簡単なクソうま鍋料理で快楽落ち

材料

白菜……4枚
にんじん……1/3本
長ねぎ……1本
水菜……1袋
豚バラ薄切り肉(鍋・しゃぶしゃぶ用)……200g
水……500ml
しょうゆ……80ml
酒……80ml

作り方

1. 白菜はざく切りにし、にんじんは皮をむいて薄い半月切りにする。長ねぎはやや厚めの斜め切りにする。

2. 土鍋に**1**と豚バラ肉を入れる。

3. 水、しょうゆ、酒を加え、ふたをして中火にかける。

4. 具材に火が通ったら、ざく切りにした水菜を入れ、再びふたをして3〜4分煮る。

もやしリーズナブル
レシピ3種

ありがとう
もやし！

家計も助けて
栄養バッチリ
給料日前の
社会人の味方を
ドカ食いして
大量消費する大感謝祭

マヨカレーもやし

材料

もやし……1袋
マヨネーズ……大さじ2
味つきカレー粉……小さじ1/2
塩……適量

作り方

1. 耐熱容器にもやしを入れ、ラップをかけずに電子レンジで4分30秒加熱する。

2. ボウルにマヨネーズと味つきカレー粉、**1**を入れてまぜ、塩で味を調える。

簡単ナムル

材料

もやし……1袋
ごま油……大さじ2
しょうゆ……大さじ1

鶏ガラスープの素……小さじ2
いりごま(白)……適量

作り方

1. 耐熱容器にもやしを入れ、ラップをかけずに電子レンジで4分30秒加熱する。

2. ボウルにごま油、しょうゆ、鶏ガラスープの素、**1**を入れてまぜ、いりごまを振る。

王道の肉なしもやし炒め

材料

もやし……1袋
キャベツ……1/8個
長ねぎ……15cm
ごま油……大さじ1
塩、こしょう……適量

作り方

1. キャベツはざく切りにする。長ねぎは小口切りにする。

2. フライパンにごま油を入れて強火で熱し、**1**ともやしを入れて炒める。

3. 塩、こしょうで味を調える。

酒のつまみ4種

金曜日の夜のキンキンに冷えたビールを楽しむための
心と体に優しいドカ盛りおつまみ4種
お酒が飲めない人にもおすすめだわよ♪

もやしときゅうりのユッケ風味

材料

もやし……2袋
きゅうり……2本
Ⓐ しょうゆ……大さじ2
　白だし……大さじ3
　コチュジャン……大さじ1
　おろしにんにく（チューブ）
　　……大さじ1
　ごま油……大さじ1

卵黄……2個
いりごま（白）……適量

作り方

1. 耐熱容器にもやしを入れ、ラップをかけずに電子レンジで4分30秒加熱する。
2. きゅうりは細切りにする。
3. ボウルにⒶを入れてよくまぜ、1と2を加えてよく和える。
4. 器に盛り、卵黄を落とし、いりごまを振る。

バターしょうゆ枝豆

材料

冷凍枝豆……200g
バター……10g
しょうゆ……大さじ1/2

作り方

1. フライパンにバターを入れて中火で熱し、バターが溶けてきたら、冷凍枝豆を解凍せずそのまま入れて炒める。
2. 1にしょうゆを加え、さっと炒める。

無限ピーマン

材料

ピーマン……中4個
ツナ缶（大）……1個
中華スープ調味料……小さじ2
ラー油……適量

作り方

1. ピーマンは種を取って細切りにし、耐熱容器に入れる。

2. 1に、油を切ったツナと中華スープ調味料を入れる。

3. ラップをかけ、電子レンジで2分加熱する。

4. ラー油をかけて、さっとまぜる。

ヤンニョムチキン風ソテー

材料

鶏もも肉……1枚
にんにく……4片
アウトドア用万能スパイス……適量
ごま油……大さじ1
Ⓐしょうゆ……大さじ1
　酒……大さじ1
　豆板醤……小さじ1
ピザ用ミックスチーズ　30g

作り方

1. 鶏肉はキッチンペーパーで水気を取って、アウトドア用万能スパイスを振り、食べやすい大きさに切る。

2. にんにくは小片にほぐして皮をむき、半分に切る。

3. フライパンにごま油を入れて中火で熱し、2を入れ、じっくり炒めながらごま油ににんにくの香りを移す。

4. 香りが移ったら、にんにくはいったん取り出しておく。

5. 4に、皮目を下にして1を並べ、焼き目がつくまで両面を焼く。

6. ふたをして、中火で蒸し焼きにする。

7. ボウルにⒶを入れてよくまぜ、6に回しかける。

8. 7ににんにくを戻し入れ、ピザ用ミックスチーズをかけ、チーズが溶けるまで加熱する。

やみつき卵丼 にらのおひたし添え

常習性の高い危険な料理で今夜もキメまくる

うますぎてアドレナリンが出まくる

食えば食うほどさらに食いたくなる

やみつき 卵丼 （にらバージョン）

材料

ご飯……好みの量
茹で卵(半熟がおすすめ)……7個
長ねぎ……1/4本
にら……1/3束
Ⓐ水……100ml
　しょうゆ……大さじ1
　砂糖……大さじ1
　赤唐辛子(輪切り)……1～2本分
　おろしにんにく(チューブ)……大さじ1
　いりごま(白)……適量

作り方

1. 茹で卵は殻をむいておく。

2. 長ねぎはみじん切りに、にらは細かく刻んでおく。

3. ボウルにⒶと2を入れ、よくまぜる。

4. 1を入れ、ラップで落としぶたをして、冷蔵庫で1日寝かせる。

5. 皿にご飯をドーナッツ状に盛り、中央に4をあふれるくらい入れる。

ガツンとパンチがあるのが好みなら「にらバージョン」、さっぱりな味わいが好みなら「みょうがバージョン」がおすすめだ。

材料

にら……1/3束
しょうゆ……大さじ2
みりん……大さじ2
卵黄……1個

余ったにら
を消費!

にらのおひたし

作り方

1. 小鍋にしょうゆとみりんを入れてひと煮立ちさせ、火からおろして冷ます。
2. 鍋に湯を沸かし、沸騰したら塩(分量外)を入れ、にらをさっと茹でる。
3. 2を水にさらし、軽く絞りながら水気を切る。
4. 食べやすい長さに切って、器に盛る。
5. 別の器に1を入れ、卵黄を加えて軽くなじませる。
6. 卵黄を崩さないように4にかける。

こっちも
絶品!

やみつき卵（みょうがバージョン）

材料

茹で卵(半熟がおすすめ)
……7個
長ねぎ……1/4本
みょうが……3個

Ⓐ水……100ml
しょうゆ……大さじ1
砂糖……大さじ1
赤唐辛子(輪切り)
……1〜2本分
おろしにんにく(チューブ)
……大さじ1
いりごま(白)……適量

作り方

1. 茹で卵は殻をむいておく。
2. 長ねぎとみょうがはみじん切りにする。
3. ボウルにⒶと2を入れ、よくまぜる。
4. 1を入れ、ラップで落としぶたをして、冷蔵庫で1日寝かせて完成。

ポイント　余ったタレは唐揚げにかけるとトべるぞ!

ドライカレーの
チーズソースがけ

みんな大好きドライカレーに
みんな溺れたいチーズソース
絶対にハズさない相性抜群の組み合わせ
野菜嫌いな大きなお友だちにもおすすめ

材料

ご飯……300g
玉ねぎ……1/2個
にんじん……1/2本
ピーマン……中3個
豚ひき肉……200g
サラダ油……大さじ1
おろしにんにく(チューブ)……大さじ1
おろししょうが(チューブ)……小さじ2
こしょう……適量
味つきカレー粉……大さじ1
ケチャップ……大さじ3
中濃ソース……大さじ3
バター……10g
薄力粉……小さじ2
牛乳(または豆乳)……100ml
ピザ用ミックスチーズ……100g
卵黄……1個
ドライパセリ……適量

> 辛さやしょうが、にんにくの量を調整すれば、もちろん、野菜嫌いな小さなお友だちにもおすすめだ!

作り方

1. 玉ねぎとにんじんはみじん切りにする。

2. ピーマンは種を取り除いてみじん切りにする。

3. フライパンにサラダ油を入れて中火で熱し、**1**と**2**を入れて炒める。

4. 野菜がしんなりしてきたら。豚ひき肉を加えて炒める。

5. 肉に火が通ったら、おろしにんにくとおろししょうが、こしょうを入れて炒める。

6. 味つきカレー粉、ケチャップ、中濃ソースを順番に加え、全体がしっとりするまで炒める。

7. 鍋にバターと薄力粉を入れて中火にかける。

8. バターを溶かしながらよくまぜ(焦がさないよう注意!)、牛乳とピザ用ミックスチーズ加え、チーズが溶けるまでまぜ合わせる。

9. 皿にご飯を半球体に盛り、**6**をかける。

10. **9**に**8**のチーズソースをかけ、卵黄をのせてパセリをかける。

男めし

時代とともに男性像は変わっても
男めしは永遠に変わらない（と思う）
手間もパワーもおいしさもちょうどいい
きょうメシ流最高な男めし

材料

ご飯……300g
豚ひき肉……250g
にら……1/3束
Ⓐ しょうゆ……大さじ3
　酒……大さじ3
　中華スープ調味料……小さじ1
　オイスターソース……大さじ1
　豆板醤……小さじ1
　おろしにんにく（チューブ）……大さじ1
サラダ油……大さじ1
白菜キムチ……100g
卵黄……2個

作り方

1. にらは長さ5cmに切る。
2. ボウルにⒶを入れて、よく合わせておく。
3. フライパンにサラダ油を入れて強火で熱し、豚ひき肉を入れて炒める。
4. 肉に火が通ったら**1**を加え、さっと炒める。
5. **2**を加えて炒め合わせる。
6. 皿の半分にご飯を盛り、もう半分に**5**を盛る。
7. 白菜キムチと卵黄をのせる。

「うまい」が
口中に広がる

深夜の肉味噌坦々バターうどん

深夜に食べるという背徳感が一番のスパイス

バターしょうゆをまとったうどんに

肉味噌が絡みつく

材料

うどん（茹で）……2玉
豚ひき肉……200g
にんにく……2片
しょうが……1片
Ⓐ しょうゆ……大さじ2
　酒……大さじ2
　甜麺醤……大さじ1
　豆板醤……小さじ1
サラダ油……大さじ1
バター……20g
しょうゆ……小さじ2
ブラックペッパー……適量
卵黄……1個
刻みねぎ……適量
ラー油……適量

> 具材が余ったら、ご飯と天かすを入れて肉味噌天かす丼にすると、背徳感マシマシでよろこびに震えるぞ。

作り方

1. にんにくとしょうがはみじん切りにする。

2. Ⓐを合わせておく。

3. フライパンにサラダ油を入れて中火で熱し、**1**を炒める。

4. 香りが立ったら、豚ひき肉を入れて炒める。

5. 肉に火が通ったら、**2**を加えて炒め合わせる。

6. お湯を沸かしてうどんを温め、水気を切る。

7. 丼にバター、しょうゆ、**6**を入れてよく和える。

8. ブラックペッパーを多めに振り、さらに和える。

9. **8**に**5**をかけ、卵黄と刻みねぎをのせ、ラー油をかける。

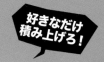

好きなだけ
積み上げろ!

スタミナタワー丼

天国へと続く脂のタワー
背脂という白い魔導師を君臨
にんにくが効いた豚肉を積み上げて

材料

ご飯……300g
豚切り落とし肉……200g
Ⓐしょうゆ……大さじ2
　みりん……大さじ2
　酒……大さじ2
　おろしにんにく(チューブ)……大さじ1
サラダ油……大さじ1
せん切りキャベツ……100g
市販の背脂……100g
卵黄……1個

> 基本の背脂(P.8参照)を
> 使ってもOK!

作り方

1. Ⓐの材料を合わせておく。
2. フライパンにサラダ油を入れて中火で熱し、豚切り落とし肉を焼く。
3. 肉に火が通ったら、Ⓐを入れてたれを絡めながら焼く。
4. 丼にご飯を盛り、せん切りキャベツをのせ、3を積み上げる。
5. 市販の背脂をかけ、卵黄をのせる。

たまには海鮮も

ホタテユッケ丼

熱々のドカ盛り白米に
あふれんばかりのホタテと卵をのせて
激うま合法ユッケ丼！
酒の肴にも最高

材料

ご飯……300g
ホタテ貝柱(生食用)……15個
Ⓐ しょうゆ……大さじ1
　 みりん……大さじ1
　 ごま油……大さじ1
　 おろしにんにく(チューブ)……大さじ1/2
　 コチュジャン……小さじ1
卵黄……1個
ブラックペッパー……適量

ホタテをバーナーであぶって、
炙りホタテ丼にすると、さら
に最高!

作り方

1. ボウルにホタテ貝柱とⒶを入れてよく和える。

2. 丼にご飯を盛り、**1**をのせる。

3. 卵黄をのせ、ブラックペッパーを振る。

本能の赴くままに
カロリー摂取

豚めし

ひき肉とバラ肉の2種類を楽しめる
白米の上に広がる豚肉パラダイス
タンパク質と炭水化物の夢の国

材料

ご飯……300g
ラー油……適量
〈なんちゃってチャーシューとミニ漬け卵〉
　豚バラ肉（焼肉用）……6枚
　うずらの茹で卵（水煮）……6個
　ごま油……大さじ1
　Ⓐしょうゆ……大さじ2
　└みりん……大さじ2
〈豚そぼろ〉
　豚ひき肉……200g
　Ⓑしょうゆ……大さじ2
　│おろしにんにく（チューブ）……大さじ1
　│砂糖……大さじ1
　│赤唐辛子(輪切り)……適量
　└うま味調味料……適量
　ごま油……大さじ1

作り方

1. なんちゃってチャーシューとミニ漬け卵を作る。フライパンにごま油を入れて中火で熱し、豚バラ肉を焼き、火が通ったら皿に取り出す。

2. フライパンをさっと拭き、Ⓐを入れてひと煮立ちさせて粗熱をとる。

3. 耐熱性の保存袋に、**1**、うずらの卵、**2**を入れ、30分ほどおく。

4. 豚そぼろを作る。Ⓑの材料を合わせておく。

5. フライパンにごま油を入れて中火で熱し、豚ひき肉を炒める。

6. 肉に火が通ったら、**4**を入れ、汁気がなくなるまで炒める。

7. 皿にご飯を土手状に盛り、真ん中に豚そぼろをあふれるくらい入れる。

8. なんちゃってチャーシューとミニ漬け卵をのせ、ラー油をかける。

豚肉とうずらの卵は、まとめて
漬け込んでしまえば手間も冷
蔵庫のスペースも省ける。

絶頂キャンプ!快楽キャンプ!

俺のキャンプはつまみをドカ食いしないと気がすまない! ということで、今回のドカ食い気絶部はキャンプめしだ。仲間たちと酒を酌み交わしながらアウトドアで食べるめしは最高にうまい。よってドカ食い活動も自ずと加速する。アウトドアでも簡単に作れるレシピをご紹介しよう。スキレットとメスティンを用意して、ぜひトライしてほしい。

本日のドカ食い活動記録

-----キャンプ場着-----
1回戦:厚切りベーコンとソーセージ焼き、カマンベールチーズ、ビール
-----ベースキャンプ作り-----
2回戦:さきいかとビーフジャーキーの炙り、ピスタチオ、オリーブの実、ビール
3回戦:ペペロン枝豆、ビール
4回戦:野菜のチーズ焼き、ビール
5回戦:キャンプステーキとレモンねぎタン塩のきのこソテー添え全部盛り、ハイボール
-----気絶するように就寝-----

ペペロン枝豆

まずいわけがない！
止まらなくなること必至！
枝豆をつまむ指までおいしい
絶対作りたいビール泥棒なおつまみ

材料

冷凍枝豆（解凍しておく）……200g
にんにく……2片
赤唐辛子……2本
オリーブオイル……100ml
アウトドア用万能スパイス……適量

作り方

1. 冷凍枝豆は解凍し、水気をしっかり切っておく。

2. にんにくは皮をむいて縦に半分に切る。赤唐辛子は種を取り除く。

3. スキレットにオリーブオイルを入れて強火にかけ、にんにくを入れる。

4. 香りが立ってきたら、赤唐辛子を加える。

5. 4に1を入れ、全体にオイルをなじませるように軽く炒める。

6. 5にアウトドア用万能スパイスを振る。

野菜のチーズ焼き

チーズとオリーブオイルを
まとった焼き野菜がうまい！
メスティンに詰めて
焼くだけで簡単に
作れるからアウトドアに
もってこい

材料

じゃがいも……2個
グリーンアスパラガス……5本
トマト……2個
溶けるチーズ……2〜3枚
オリーブオイル……適量
アウトドア用万能スパイス……適量

> バーナーで焼き目をつけると、より一層おいしく！

作り方

1. じゃがいもはよく洗い、皮がついたまま1cm幅の輪切りにし、下茹でしておく。

2. グリーンアスパラガスは根元の固い部分の皮を削ぎ落とし、4等分に切って、さっと茹でておく。

3. トマトは1cmの輪切りにする。

4. メスティンにトマトとじゃがいも、ちぎったチーズを交互に並べ、隙間にグリーンアスパラガスも詰め込む。

5. 残ったチーズを適当な大きさに切って、4の上にのせる。

6. オリーブオイルとスパイスを回しかけ、ふたをして蒸し焼きにする。

野菜は彩りよく交互に並べると仕上がりも美しい！チーズは野菜の上にものせよう。

キャンプステーキとレモンねぎタン塩のきのこソテー添え全部盛り

**血湧き肉躍るうまさ（肉だけに）
これぞドカ食いキャンプメシの真骨頂！**

材料

〈きのこソテー〉
　エリンギ……大1本
　しいたけ……2個
　しめじ……1/2パック
　オリーブオイル……適量
　アウトドア用万能スパイス
　……適量

〈ステーキ〉
　牛ステーキ用肉……1枚
　アウトドア用万能スパイス
　……適量
　オリーブオイル……適量

〈牛タンのねぎ塩レモンがけ〉
　牛タン（焼肉用）……100g
　長ねぎ……10cm
　レモン汁……大さじ1
　アウトドア用万能スパイス
　……適量
　オリーブオイル……適量

作り方

〈きのこソテー〉
1. エリンギは縦半分に切る。しいたけは軸を取る。しめじは石づきを取ってほぐす。
2. 「ペペロン枝豆」を食べ切ったスキレットにオリーブオイルを足し、**1**を入れてふたをし、蒸し焼きにする。
3. **2**にアウトドア用万能スパイスを振って軽くまぜ、皿に盛る。

〈ステーキ〉
1. 牛ステーキ用肉に数ヵ所薄く切り込みを入れる。
2. アウトドア用万能スパイスを振ってなじませる。
3. きのこソテーで空いたスキレットにオリーブオイルを足し、**2**を入れて好みの加減で焼く。
4. 食べやすい大きさに切って、きのこソテーの皿に盛る。

〈牛タンのねぎ塩レモンだれ〉
1. 長ねぎをみじん切りにし、ボウルに入れる。
2. **1**にレモン汁とアウトドア用万能スパイスを加えてよくまぜ、ねぎ塩レモンだれを作る。
3. ステーキで空いたスキレットにオリーブオイルを足し、牛タンを焼く。
4. きのこソテーとステーキの皿に一緒に盛りつけ、ねぎ塩レモンだれをかける。

今日も飯がうめぇ！

YouTubeにてジャンキーな料理動画で人気を集め、2021年4月開設ながらチャンネル登録者数は11万人超を獲得。背脂を使わずにはいられない性分で、チャーハンや麻婆豆腐などにもドカッと投入してしまうほど。そのほか、ドカ盛り料理など、ハイカロリーな料理動画を投稿している。「飯テロ」と評されつつ、本人による豪快な食べっぷりやナレーションにも定評がある。
YouTube：https://www.youtube.com/channel/UCaB7mHcsls1gEtVyyk8OxjQ
Twitter：@sutozero_umeee

デザイン／ライラック
DTP／エヴリ・シンク
撮影／市瀬真以
スタイリング／木村柚加利
ライター／ブー・新井
校正／一條正人
編集／戸田竜也（KADOKAWA）
撮影協力／UTUWA 03-6447-0070

今日も全力めし
背徳感マシマシの欲望解放レシピ

2023年4月28日　初版発行

著　者／今日も飯がうめぇ！
発行者／山下直久
発　行／株式会社KADOKAWA
　　　　〒102-8177　東京都千代田区富士見2-13-3
　　　　電話 0570-002-301（ナビダイヤル）
印刷所／凸版印刷株式会社
製本所／凸版印刷株式会社

●お問い合わせ
https://www.kadokawa.co.jp/（「お問い合わせ」へお進みください）
※内容によっては、お答えできない場合があります。
※サポートは日本国内のみとさせていただきます。
※ Japanese text only

定価はカバーに表示してあります。